Weiter auf der Hühnerleiter

Hubertus Scheurer

Weiter auf der Hühnerleiter

Bibliografische Information der Deutschen Nationalbibliothek
Die Deutsche Nationalbibliothek verzeichnet diese Publikation
in der Deutschen Nationalbibliografie; detaillierte bibliografische
Daten sind im Internet über http://dnb.d-nb.de abrufbar.

© 2014 Hubertus Scheurer
www.hubertus-scheurer.de

Umschlaggestaltung: Willy Arndt
Satz, Herstellung und Verlag: BoD – Books on Demand, Norderstedt

ISBN 978-3-8334-8038-6

Inhaltsverzeichnis

Vorwort

Weiter auf der Hühnerleiter

Es geht noch ein wenig weiter
Auf des Lebens Hühnerleiter;
Um die Leser zu erbauen,
Wollen wir nach oben schauen.

Falsch wär's aber, unterdessen,
Den Mist unten zu vergessen;
Schönes gilt es zu beschreiben,
Trotzdem soll man kritisch bleiben.

Denkt dran, Anfängen zu wehren,
Heißt, nicht untern Tisch zu kehren
Das Gemeine, seine Quellen
Sind zur Abwehr bloßzustellen.

Zwischendurch geht es mal heiter
Auf der Hühnerleiter weiter
Und am Ende läßt sich sagen,
Daß in allen Lebenslagen,
Ich hab, ohne zu verzagen,
Stets Verantwortung getragen.

Habt mich gern

Es reicht mir und insofern
Sage ich, habt mich mal gern,
Wenn vom Vielen, das ich schrieb,
Etwas bei euch hängen blieb.

Mir ist's gleich, aus welchem Grund,
Was ich denke, tat ich kund,
Und in meinem Tun und Denken
Lasse ich mich nicht beschränken.

Fühlt die Staatsmacht sich gekränkt
Durch das, was ich ihr geschenkt,
Wär mein Wunsch, daß es bleibt hängen,
Lange noch in ihren Fängen.

Für die Ohren

Solange ich atme, werde ich denken
Und was ich denke zum Besten geben;
Es ist nicht die Absicht, doch sollt es euch kränken,
Dann trachtet mir ruhig nach meinem Leben.

Es naht ohnehin unausweichlich das Ende,
Da möchte ich mir nichts schuldig bleiben,
Und manches könnt ihr, was ich gut fände,
Euch gerne hinter die Ohren schreiben.

Menschenwürde

Unantastbar ist die Würde,
Wie im Grundgesetz es heißt,
Bildet oftmals keine Hürde,
Die als Hemmnis sich erweist.

Richtschnur für die Staatsorgane
Ist die Nützlichkeit, der Zweck,
Sie drehn nach dem Wind die Fahne,
Schnell ist da die Würde weg.

Daß Würde unantastbar sei,
Es ist zwar zu begrüßen,
Schließt ja nicht aus, man ist so frei,
Daß man sie tritt mit Füßen.

Würdevoll, in Wahrheit leben,
Bleibt ein Wunsch, hier in der Welt,
Dennoch sei es Dein Bestreben,
Bist allein auf Dich gestellt.

Der alte Geist

Menschliches Denken,
Es liegt ihnen fern,
Sie lassen sich lenken
Von ihrem Leitstern.

Von den Paragraphen,
Auf ihren Schlafplätzen,
So läßt sich gut strafen,
Die Würde verletzen.

Zum KZ die Wege
Sind zwar nicht mehr offen,
Daß ihr Geist wird rege,
Läßt sich kaum erhoffen.

Die Paragraphenwürger

Wenn die Paragraphenwürger
Wolln die Luft abschnürn dem Bürger,
Sollte er, dem Recht zu Ehren,
Sich nach besten Kräften wehren.

Es gehört zum wahren Leben
Nicht ängstlich klein beizugeben
Und die Macht der Staatsgewalten,
Deshalb fest im Zaum zu halten.

Den Anfängen wehren!

Wenn sie sich vermehren,
Dann führt ihre Saat
Hin zum Nazi-Staat.

Den Anfängen wehren!
Wenn sie sich vermehren,
Dann führt ihre Saat
Hin zum Mauer-Staat.

Den Anfängen wehren!
Wenn sie sich vermehren,
Dann führt ihre Saat
Zum Gefängnis-Staat.

Den Rücken kehren

Recht und Freiheit hör ich singen,
Frag mich, wie kann das gelingen,
Wenn richterlicher Unverstand,
Starrsinnig, wie eine Wand,
Steht vor des Glückes Unterpfand.

Einig müssen wir uns sein,
Unrecht darf nicht neu gedeihn,
Richter, die das Recht nicht ehren,
Können wir im Land entbehren,
Sollten redlich sich ernähren,
Dem Gericht den Rücken kehren.

Deutschland, Deutschland mögst gesunden

Deutschland, Deutschland, es wurd trüber,
Deutschland, Deutschland, es wurd Nacht,
Nach dem Unheil, das du über
Unsre Erdenwelt gebracht.

Deutschland, Deutschland, eine Schande,
Vorbild in der Geisteswelt,
Dann die Nazi-Schweinebande,
Mauerbau und Minenfeld.

Deutschland ließ zum Kampfe blasen,
Zur Eroberung der Welt,
Juden massenhaft vergasen,
Mörder wurden da zum Held.

Dann die Teilung nach dem Kriege,
Deutschland-Ost und Deutschland-West,
Sozis träumten nun vom Siege,
Karl Marx wurd ihr Manifest;

Sie erbauten eine Mauer,
Schutzwall wurde sie genannt,
Eine Mauer deutscher Trauer,
Grausig, diese Todeswand,

Denn es wurde dort erschossen
Wer dem Teilstaat wollt entfliehn,
Von Soldaten, den Genossen,
Niemand sollt sich ihm entziehn.

Nach Jahrzehnten kam die Wende,
Mit ihr auch der Mauerfall,
Gorbatschow machte ein Ende,
Es kam nicht zum großen Knall.

Deutschland, Deutschland mögst gesunden,
Vielleicht nochmal Vorbild sein,
Hast die Welt und dich geschunden,
Stete Warnung sei das Schwein.

Zum Deutschland-Lied

Sie singen als wär nichts gewesen,
Sollten das Gedicht mal lesen
Über Deutschlands Schweinebande,
Die das Land brachte in Schande.

Angesichts der Greueltaten
Ist man sicher schlecht beraten,
An ihnen vorbei zu singen,
Reue sollte mit anklingen.

Sich zum Guten hin entfalten,
Heißt zugleich auch Einkehr halten,
Denn die ganze Welt soll sehen,
Diesen Weg, den wolln wir gehen.

Zwei Küchenschaben

Ein schönes Gedicht, das sollen sie haben,
Es standen vorm Richter zwei Küchenschaben,
Die hatten auf seinem Teller gesessen
Als er bekam das Mittagessen.

Man hörte jetzt ein lautes Knallen,
Vor Schreck war der Richter vom Stuhl gefallen,
Da sind sie ihm auf den Bauch gekrochen
Und weil die Schaben recht übel rochen,
Hat sich der Richter auch noch erbrochen.

Das war nun wirklich zu viel des Guten,
Worauf, wie alle ganz richtig vermuten,
Die Schaben wurden in Haft genommen,
Bis es zur Verhandlung ist gekommen.

Da die Schaben jedoch nicht reumütig waren,
Gab's eine Haftstrafe von fünf Jahren;
Im Schlußwort sagten dann die Schaben:
Wenn wir hier solche Richter haben,
Kann man das Recht auch gleich begraben.

Diskussion mit Polizei

Kurz hielt ich an mit meinem Wagen,
Um eine Tasche rauszutragen;
Kaum, daß ich mich jedoch versah,
War schon ein Peterwagen da.

»Wir werden Sie sofort aufschreiben,
Wenn Sie nicht gleich fahrn, stehen bleiben«;
»Das hat doch wirklich keinen Zweck,
Ich bin doch ohnehin gleich weg«.

»Sie wollen mit uns diskutieren?«
»Nein, warum soll ich das probieren,«
Die Diskussion mit hohlen Köpfen
Würde mich doch nur erschöpfen.

Da scheint es mir weitaus gescheiter,
Sprech ich mit meinem Arschloch weiter,
Doch das mach ich erst zuhaus,
Denn da kommt sicher mehr heraus.

Udel hinterm Pudel

Schau, dort vorne lief ein Pudel,
Hinterdrein ein dicker Udel,
Man nennt ihn auch den Polizisten,
Sie hielten an und beide pißten.

Dann ging es weiter, dieses Treiben,
Der Polizist rief: Stehenbleiben!
Da lief der Pudel kreuz und quer,
Der Polizist, er konnt nicht mehr.

Der Pudel sprang in eine Hecke,
Der Udel fiel, blieb auf der Strecke,
Nun kam sogleich zurück der Pudel
Und biß dem Udel in die Nudel.

Damit war dieser Fall entschieden,
Der Pudel drehte ab zufrieden,
Jetzt kamen weitere Polizisten,
Die den Kollegen schon vermißten.

Aufgrund des Bisses in die Nudel,
Wurde für Tapferkeit dem Udel,
Als erstem Polizist im Land,
Der Pudelorden zuerkannt.

Schluß mit lustig

Schluß mit lustig, führt zum Schluß,
Daß ich zum Ende kommen muß;
Die Beamtenschaft im Staat
Zeigt den Weg und gibt mir Rat.

Da ist zuerst ein Polizist,
Er hockt auf einem Haufen Mist,
Das macht in seinem Fall auch Sinn,
Denn dort gehört er nämlich hin.

Ein Richterpaar sitzt auf dem Klo,
Verrichtet seinen Stuhlgang froh,
Es ist von gestern das Gericht,
Das heut aus ihren Hintern spricht.

Nicht zu vergessen ist der Geier,
Der aus den Nestern stiehlt die Eier,
Blickt aus den Augen starr und kalt,
Nennt sich zudem noch Rechtsanwalt.

Dann wär da noch der Bürokrat
In dem Verwaltungsapparat;
Schluß mit lustig, meint er trocken,
Hilft, die Bürger abzuzocken,
Ihren Einspruch abzublocken.

Schade um die Zeit

Angesichts der Richter des Gerichts
Erwarte ich von ihnen nichts,
Das ein gerechtes Urteil bringt,
Nur etwas, das zum Himmel stinkt.

Ich wurde schon zu oft gelinkt,
Und was aus ihren Augen blinkt,
Ist wieder Überheblichkeit,
Heißt für mich: Schade um die Zeit.

Nachruf für Steinbrücken

Um die Bürger zu beglücken,
Baut man auch aus Stein hier Brücken,
Doch die letzte stürzte ein,
Unaufhaltsam Stein um Stein.

Noch bevor sie wurd betreten,
Da kann man nur dankbar beten,
Denn nach amtlichem Befund
Riß sie niemand mit zum Grund.

Lernten draus die Brückenbauer?
Ich denk schon, sie wurden schlauer,
Stellen, aus marodem Stein,
Brückenbau wohl erstmal ein.

Lob dem Willen

Das Ding an sich gilt es zu loben, *
Die Mächte im Staat mögen toben,
Solange meine Willenskraft
Den freiheitlichen Raum mir schafft.

Ich werde darauf nicht verzichten,
In meinem Handeln, den Gedichten,
Bis es erlischt das Lebenslicht
Und damit auch der Wille bricht.

Eine Hymne

Einigkeit und Recht und Freiheit
Weist die Richtung unsrem Land,
Das nach seinen Greueltaten
Aus dem Abgrund zurückfand.

Einigkeit und Recht und Freiheit
Sind des Glückes Unterpfand,
Dafür laßt uns mutig streben
Gegen jeden Widerstand.

---

* Sh.: Arthur Schopenhauer

Wille und Brille

Das Wesentliche ist mein Wille,
Hinter der Stirn über der Brille,
Die dem Sehen Kraft verleiht
Und dem Willen Sichtbarkeit.

Durch die Brille wird erspäht,
Mit den Augen, was konkret,
Alles andre muß der Wille
Dann erkennen ohne Brille.

Trennung vom Geist

Was das Volk vom Geiste trennt,
Ist im Land die Zeitungswelt, *
Die nur ihr Interesse kennt,
Nämlich Macht sowie das Geld.

Bildet täglich eine Wand,
Um die Leser zu beschränken,
Auszuschalten den Verstand,
Denn sie solln nicht selber denken.

Literaten braucht man nur,
Wenn sie für die Zeitung schreiben,
Sonst kann ihr Literatur
Aber gern gestohlen bleiben.

---

* Sh.: Hermann Hesse, in: »Lektüre für Minuten«

Zeitvertreib

Eigentlich, warum auch nicht,
Ist jetzt fällig ein Gedicht,
Ein Gedicht am frühen Morgen,
Das man abends kann entsorgen.

So wie in der Zeitungswelt,
Die von Tag zu Tag gefällt,
Oberflächlich lesen wir,
Dann verbleibt nur Altpapier.

Diese Art der Unterhaltung
Schützt vor geistiger Entfaltung
Und hilft, um im Bild zu bleiben,
Auch die Zeit sich zu vertreiben.

Die Dummheit bleibt

Ich schreibe was ich denke
Und dachte, was ich schrieb,
Gleich wie ich mich verrenke,
Die Dummheit bleibt und blieb.

Gedankenvolles schreiben,
Es lohnt sich einfach nicht,
Um Zeit sich zu vertreiben,
Da braucht man kein Gedicht.

Der Spinner

Ich denke und ich spinne
Ein Netz aus den Gedanken,
Was immer ich ersinne,
Mich halten keine Schranken.

Will Menschen damit fischen,
Vor allem die Bequemen,
Und ihren Geist auffrischen,
Zum Denken sie mitnehmen.

Sinn durch Freude

Es gibt wirklich ein paar Leute,
Da sag ich doch immerhin,
Die mit Versen ich erfreute,
So bekommt das Reimen Sinn.

Andern Freude zu bereiten,
War seit jeher schon mein Ziel,
Ihnen ihren Blick zu weiten,
Wenn ich mit den Worten spiel,

Bringt auch mich ein bißchen weiter
In meiner Gedankenwelt,
Werde ab und zu ganz heiter,
Wenn mir, was ich schrieb, gefällt.

Die erhellende Quelle

Den ewigen Brunnen im Erdenleben
Kann es in keinem Gedichtband geben,
Weil alles das, was darin sprießt,
In die Vergänglichkeit einfließt.

Begnügen wir uns an seiner Stelle
Deshalb mit einer erhellenden Quelle,
Die vielen Menschen am Herzen liegt,
Bis sie für immer dann versiegt.

Nach dem Tod

Auf der Erde weiterleben,
Bei den Menschen nach dem Tod,
Darin liegt nicht mein Bestreben,
Gilt für mich nicht als Gebot.

Konnt ich sie doch nicht erreichen,
Während meiner Lebenszeit,
Und es bleibt als sichres Zeichen,
Nur das Nichts in Ewigkeit.

Trotzdem lag in dem Bemühen
Für mich selbst ein Lebenssinn,
Viele schöne Blumen blühen,
Welken ungesehn dahin.

Das Schicksal

Schlechten Menschen geht es gut,
Guten oftmals schlecht,
Mit dem, was das Schicksal tut,
Ist es nicht gerecht.

Nein, das Schicksal ist nicht schick,
Bricht mit seiner Wahl
Manchem Guten das Genick,
Das ist ihm egal.

Mach Dich frei

Es ist gewesen, längst vorbei,
Du quälst Dich damit weiter,
Denk nicht mehr daran, mach Dich frei,
Das ist bestimmt gescheiter,

Denn was nicht mehr zu ändern ist,
Es drückt Dich unnütz nieder,
Wenn Du nicht abschließt, es vergißt,
Kränkt es Dich immer wieder.

Sinngebung

Das Schöne ersinnen
Sich Dichter zusammen,
Um Sinn zu gewinnen,
Aus nichts zu entflammen.

Das Nichts glanzvoll schildern,
Es kunstvoll verweben,
In herrlichen Bildern,
Zum ewigen Leben.

Und dieses Bestreben,
Es ist hoch zu achten,
Uns Hoffnung zu geben,
Vorm geistgen Umnachten.

Zum Leben

Harte Schale, weicher Kern,
So schritt kraftvoll er durchs Leben,
Folgte seinem guten Stern,
Wollte Freundschaft, Liebe geben.

Wenig kam davon zurück,
Doch auch damit läßt sich's leben,
Wenn es das Gefühl von Glück
Hat es ab und zu gegeben.

Laß uns reimen!

Hast Du Lust, so laß uns reimen,
Wenn schöne Blüten daraus keimen,
Dann reimen wir vergnügt und heiter,
Zusammen gleich noch etwas weiter.

Was aber würdest Du wohl sagen,
Wenn diese Blüten Früchte tragen?
Wir sollten keine Mühe scheuen,
Selbst der Versuch kann schon erfreuen.

Suchet!

Suchet, und ihr werdet finden
Lindenblüten unter Linden,
Eckern unter Buchen
Muß man nicht lang suchen.

Will man sich dagegen finden,
Muß man sich selbst überwinden,
Sodaß Menschen dieses Suchen
Meist als Fehlanzeige buchen.

Mein Zeisig

Von meinem Vater, ein schönes Geschenk,
Der kleine Zeisig, an den ich gern denk;
Ein Käfig mit Stangen war sein Zuhaus,
Und ab und zu durft er mal hinaus.

Dann flog er in unsrem Zimmer umher,
Für kurze Zeit, schon mocht' er nicht mehr,
Begab sich zum Käfig und schien mir dort
Zufrieden, wie am sicheren Hort.

Er zwitscherte fröhlich, und sein Gesang
Erfreute mit einem lieblichen Klang;
Ich übte und bald, wir fanden das nett,
Da zwitscherte ich mit ihm im Duett.

Als ich ihn bekam, da war ich zehn,
Es sollten sechzig Jahre vergehn,
Doch was ich gelernt hab seinerzeit,
Von meinem Zeisig, ich halt es bereit.

Seh ich heut vor mir ein kleines Kind,
Dann bleibe ich stehn und zwitscher geschwind;
Darauf schaut es ihn, den alten Mann,
Mit großen erstaunten Augen an,
Was mich erfreut, begeistern kann.

Meine Hände

Ich seh auf meine Hände,
Sie sprechen heute Bände,
Siebzig Jahre und noch weiter
Waren sie mein Wegbegleiter.

Mit kleinen Händchen fing es an,
Konnten kaum den Becher halten,
Sollten im Lauf der Jahre dann
Große Stärke selbst entfalten.

Als Knabe beim Turnen wuchs ihre Kraft,
Der Vater hat darauf achtgegeben,
So habe ich manches im Leben geschafft,
Vermochte sogar schwere Hanteln zu heben.

Doch konnten sie auch sehr zärtlich sein,
Geliebte Menschen sanft berühren,
Stellen bei mir sich Gebrechen ein,
Werden sie am Stock mich führen.

Mit Dir

Es war hier, und es war dort,
Überall, an jedem Ort
Hast Du Freude mir gemacht,
Und mein Herz es hat gelacht.

Ach, wie lange ist das her,
Liebste, ich weiß es nicht mehr,
Würd Dich so gern wiedersehn,
Meinen Weg jetzt mit Dir gehn.

Lebensmomente

Es waren Momente, Minuten und Stunden,
Doch in das Gedächtnis tief eingebunden,
Warn sie es, die Freude und Kraft gegeben,
Brachten Licht und Wärme ins Leben.

Sie sind es, welche uns tröstlich begleiten,
Wenn wir dem Ende entgegenschreiten,
Lassen das Schöne noch einmal erschprießen,
Bevor wir die Augen dann für immer schließen.

Ein schöner Gedanke

Fällt Dir wirklich gar nichts ein?
Es sollt ein Gedanke sein,
Der nach vorn den Bogen schlägt,
Dir das Herz erwärmt, bewegt.

So keimt wieder Hoffnung auf,
Mag auch kurz sein ihr Verlauf,
Für Sekunden wird es licht,
Mit einem Lächeln im Gesicht.

Kleine Finger

Schau nur, ihre winzgen Finger,
Putzig diese kleinen Dinger,
Kindlein winken, wie sie lachen,
Können so viel Freude machen.

Wenn sie Dir ein Händchen reichen,
Darfst Du sanft darüber streichen,
Kannst in den Gesichtern lesen:
Danke, das ist schön gewesen.

Mit den Eltern im Verbunde,
In der frühen Morgenstunde,
Auf dem Weg zum Kinderhort
Treff ich sie, geh ungern fort.

Warme Socken

Es schneit schon wieder,
Vom Himmel hernieder
Da fallen die Flocken,
Ich brauch warme Socken.

Die Zeit bleibt nicht stehen,
Und ich will gleich gehen,
Die übliche Runde
In der Morgenstunde.

Die Kälte abblocken,
Solln die warmen Socken,
Weil ich sonst müßt büßen
Mit eiskalten Füßen.

Im Wechselspiel

Um geistige Kräfte voll zu entfalten
Sind zwei Bedingungen einzuhalten:
Bewegung und Ruhen im Wechselspiel,
Gut ausgewogen, führen zum Ziel.

Bewegung und Schlaf

Bewegung ist richtig,
Doch ebenso wichtig,
Nachdem es vollbracht,
Der Schlaf in der Nacht,
Zum Regenerieren,
Was wir sonst verlieren.

Nah und fern

Ich sterbe hier,
Sie sterben dort,
An einem Ort
Nicht fern von mir.

Es sind die Gesa und der Peter,
Entfernung ein paar hundert Meter;
Die Nähe brachte uns nicht näher,
Das Gegenteil, es stimmt wohl eher.

Einstmals zwar fern
Und trotzdem nah,
War jeder gern
Für jeden da.

Wer das versteht, der ist gescheiter,
Mein Denken brachte mich nicht weiter,
Doch da wir bald die Augen schließen,
Soll mich das nun nicht mehr verdrießen.

Gehen als Arbeit

Das Gehen allein ist Arbeit für mich,
Belastet den Körper, das Hirn es regt sich,
Sobald ihm dabei Gedanken entschlüpfen,
Will es sie miteinander verknüpfen.

Das Ziel ein Sinnzusammenhang,
Ob der ihm hiermit auch gelang,
Mit seinen Versen, diesen beiden,
Das möge der Leser selbst entscheiden.

Es wird trüber

Noch geht er täglich seine Runde,
Gebückt, der alte Hase,
Doch bald wohl schlägt auch seine Stunde,
Dann fällt er auf die Nase.

Und auch die dicke kleine Tante,
Mit ihrem großen Hunde,
Die er seit vielen Jahren kannte,
Kreuzt nicht mehr seine Runde.

Die Zeit läuft weiter, es wird trüber,
Er will sich nun beschränken,
Sonst läuft das Faß gar zu schnell über
Vom allzuvielen Denken.

Eigenliebe

Wenn Dir niemand ist geblieben,
Der Dich lieben kann,
Steht Dir frei, Dich selbst zu lieben,
Fange damit an.

Deinen Körper sanft berühren,
Streicheln mit der Hand,
Und Du wirst Gefühle spüren,
Die Du einst gekannt.

Rufe wach in Dir das Denken,
Welches brachte Glück ins Sein,
Um Dich selber zu beschenken,
Damit Freude stellt sich ein.

Für Jolanda

Man nennt sie hier die kleine Süße
Im Meridian,
Sie lächelt, wenn ich sie begrüße
Und sie nun auch so nenn'.

Ein Lächeln, wirklich zauberhaft,
Dafür sag ich ihr Dank,
Mit dem sie so viel Freude schafft,
Bleib uns erhalten lang!

In Dir allein

Du bist allein,
Du warst allein,
Du wirst es sein,
Sieh das nur ein.

Find Dich in Dir
Und glaube mir,
Es wird das Beste sein,
In Dir kehrt Ruhe ein.

Du hüllst Dich ein
Im eignen Sein,
Fühlst, Du bist Dein,
Hältst Dich mit Zuversicht bereit,
Zum Abflug in die Ewigkeit.

Zur Erlösung

Den Körper erfaßt Müdigkeit,
Das Hirn tat alles kund,
Was während meiner Lebenszeit
Gedankentief ging rund.

Nun können wir zufrieden sein,
Gehn auf das Ende zu,
Dann hüllt der Schlaf uns gnädig ein,
Erlöst, in ewger Ruh.

Der Schneckenfall

Dreimal hab ich mich gebückt,
Dreimal ist es mir geglückt,
Ich konnt mich danach erheben,
Beim vierten Mal ging es daneben.

Ich fiel neben meine Schnecke
Auf der Gartenlaubenstrecke,
Hoffe, man wird uns entdecken,
Bevor wir beide hier verrecken.

Vom Gefühl her warn es Stunden,
Doch wir wurden rasch gefunden,
Und so geht es nochmal weiter
Auf des Lebens Hühnerleiter.

Mein Nachlaß

Was von mir wird hinterlassen,
Soll der Staat nicht auch verprassen,
Das schmeißt er tagein, tagaus
Gleich mehrfach aus dem Fenster raus.

Da möcht ich meine Millionen,
Weiß Gott, für bessre Zwecke schonen,
Was ich erspart mit Müh und Fleiß
Geb ich nicht der Verschwendung preis.

Wohltätigkeit und gute Zwecke,
Sie bleiben auch oft auf der Strecke,
Wenn die Verwaltung ungeniert
Großzügig für sich abkassiert.

Obgleich sie wenig Anklang finden,
Die Bücher solln nicht ganz verschwinden,
So steht dafür, nach meiner Zeit,
Ein größerer Betrag bereit.

Ohne Fleiß den Preis

Geld bekommen wollen alle,
Halten auf gern ihre Kralle,
Jedoch nicht durch Fleiß verdienen,
Schließlich sind sie keine Bienen,

Die mit ihrem emsig Streben,
Letztendlich nur Honig geben,
Den man, ohne weit zu laufen,
Kann im Supermarkt sich kaufen.

Vorteil des Alters

Einen Vorteil hat es schon,
Das Alter, und der wär?
Es ist die Geldwertinflation,
Sie lastet nicht so schwer.

Bezogen auf die Restlaufzeit
Wird das Ersparte mehr,
Die Inflation, es ist soweit,
Läuft ihr jetzt hinterher.

Es sei denn, es geht alles hin,
Nach einem großen Krach,
Doch bleibt auch so nur wenig Sinn,
Wenn man wird altersschwach.

Ach, Deine schönen Brüste

Ach, Deine schönen Brüste,
Ich dachte, es entstand
Als ich sie innig küßte,
Ein zartes Liebesband,

Das Dich und mich verbindet
Und niemals mehr zerreißt,
Die Trübsal überwindet,
Uns beiden Glück verheißt.

Ach, Deine schönen Brüste,
Liebkost von meiner Hand,
Wär doch, was ich gern wüßte,
Dein Herz für mich entbrannt.

Ein wenig Zärtlichkeit

Mein Körper war so lang mir treu
Und hat zu mir gehalten,
Nach all den Jahren nicht mehr neu,
Zeigt er nun ein paar Falten.

Ich denke, daß ihm Dank gebührt,
Für das, was er ertragen,
Wenn ihn jetzt Deine Hand berührt,
Würdst Du es damit sagen.

Gibst Du ein wenig Zärtlichkeit,
Um Freude zu bereiten,
Wird er, durch die verbliebne Zeit,
Uns sicher gern begleiten.

So oder so

So oder so macht es wenig Sinn,
Denn liebt sie Dich Alten, und Du gehst dahin,
Dann bleibt sie allein
Und wird traurig sein.

Liebt sie aber nicht
Und ist nur erpicht
Auf Hab und Gut, das sie reichlich erhält,
Hat sie für Dich nichts, was wirklich gefällt.

Hoffnungslos

Durch Dich wollt ich es wiederfinden,
Dacht', wenn die Herzen sich verbinden,
Würde noch einmal neugeboren,
Was sonst für immer ging verloren.

Doch so weit ist es nicht gekommen,
Du hast die Hoffnung mir genommen,
Das Glück der Zweisamkeit im Ich
Gibt es nicht noch einmal für mich.

Vielleicht ist es auch besser so,
Denn würde ich von Herzen froh,
Käme zugleich die Furcht zurück,
Daß ich könnte verliern dies Glück.

Alles Gute!

Leider bin ich nicht der Mann,
Der Dein Herz erreichen kann,
Und so stelle ich die Weiche,
Bevor gänzlich ich erbleiche.

Weiter geht nun unsre Reise,
Jedoch auf getrenntem Gleise,
Und ich wünsch Dir alles Gute,
Bleib gesund, bei frohem Mute!

Verlorener Glauben

Gewesenes, es ist verflossen,
Ich habe mit ihr abgeschlossen,
Verschlossen bleiben nun die Türen,
Die hin zu meinem Herzen führen.

Was nur war mit mir geschehen,
Ich wollt nur Gutes in ihr sehen,
Doch ihr gelang es, mir den Glauben,
Ans Gute, das ich in ihr sah, zu rauben.

Omas Traum

Die geliebte kleine Oma,
Sie lag heute Nacht im Koma,
War derweil im Ruheraum
Eine Prinzessin im Traum.

Es lag diese lieblich Holde
Dort auf einem Schatz von Golde,
Weil sie, nach des Königs Sinn,
Sollte werden Königin.

Doch als sie der König küßte,
Zart berührte ihre Brüste,
Stieß die Oma aus 'nen Schrei,
Und der Traum, er war vorbei.

Zum Glück rostfrei

Schade um das schöne Gold,
Das sie einst bekommen sollt,
Recht beachtlich dieser Posten,
Doch zum Glück kann es nicht rosten.

Erkenntnis vom Baume
mit ihrer Pflaume

Endlich fiel sie ab vom Baume,
Der Erkenntnis, ihre Pflaume,
Mir direkt in meinen Schoß,
Fragte, was war mit Dir los?

Was nur hat Dich umgetrieben,
Eine solche Frau zu lieben,
Die trotz ihrer Niedertracht,
Dich um den Verstand gebracht.

Das war's, er wurd ausgehebelt,
Von Gefühlen ganz vernebelt,
Dank der Pflaume, wunderbar,
Seh ich endlich wieder klar.

Verschiedenes in Kurzfassung

Deine Kraft

Bleibe ruhig und bleib besonnen,
Dann hast Du schon halb gewonnen,
In Dir selber liegt die Kraft,
Die auch große Hürden schafft.

Mit uns selbst

Wir brauchen nicht das Lob der andern,
Wenn wir mit uns im Einklang sind,
Als ob wir leichten Fußes wandern,
Erreichen wir das Ziel geschwind.

Vergebliche Hoffnung

Wie so oft, wie so oft
Hat vergeblich er gehofft,
Sich dabei nur aufgerieben
Und Enttäuschung ist geblieben.

Mäßigung, Bescheidenheit,

Beide sind sie eine Tugend,
Über die geraume Zeit,
Von dem Alter bis zur Jugend.

Zur Beruhigung

Wenn man sagt, daß ich nichts kann,
Beruhigt mich das ungemein,
Um zu wahren diesen Schein,
Darf ich nicht zu gründlich sein,
Ich hab meinen Frieden dann.

Kleine Gabe

Es ist nur eine kleine Gabe,
Doch ich sag offen, was ich habe,
Denn oft sind es grad kleine Gaben,
Die wirklich etwas in sich haben.

Besser als keiner

Nun, wer weiß, es könnt ja sein,
Vielleicht fällt mir etwas ein,
Kommt heraus ein Vers, nur einer,
Ist das besser noch als keiner.

Der Zufall

Dem Zufall preisgegeben,
Ist unser ganzes Leben,
Von ihm wird daher mitbestimmt,
Der Weg, den unser Leben nimmt.

Kaum Zufall

Wer sein Haus nicht mehr verläßt,
Dem fällt kaum etwas zu,
Der Zufall braucht, und das steht fest,
Gelegenheit statt Ruh.

Bäume fällen

Wenn Wahrhaftigkeit nicht zählt,
Sollten Richter Bäume fällen,
Morsche, an maroden Stellen,
Weil die Urteilsfällkraft fehlt.

Auf den Schlips treten

Macht ihr nur was ihr wollt,
Ich mache, was ich will,
Doch seid ihr mir nicht hold,
Dann bleibe ich nicht still,
Benutze meinen Grips
Und tret euch auf den Schlips.

Die falschen Hasen

Unschuldige Menschen in Massen vergasen,
Da warn sie dabei, die falschen Hasen;
Heute würden die gleichen Gestalten
Gesetzestreu Verständnis entfalten
Und Kindermörder am Leben erhalten.

Das Betrugskonglomerat

Das Betrugskonglomerat,
Im Behördenapparat,
Schritt mal wieder schnell zur Tat,
Und so zieht es mit Schikanen
Weiter seine krummen Bahnen,
Um noch einmal abzusahnen.

Trübe Tassen

Verlasse Dich nur noch auf Dich,
Sonst bist Du schnell verlassen,
Vertraute, sie entpuppten sich
Zu oft als trübe Tassen.

Der Groschenfall

Wann was war, in meiner Welt,
Es dauert bis der Groschen fällt,
Und irgendwann fällt er nicht mehr,
Dann ist im Hirn der Speicher leer.

Klarer Fall

Oben die Glatze, vorne die Fratze,
Dank Alkohol, aus mit dem Wohl,
Der Kopf wurd hohl;
Klar ist nun, in diesem Falle,
Der Kerl hat se nicht mehr alle.

Zuhause in Dir

Kommst Du in Dir selbst zur Ruh,
Läßt nicht über Dich verfügen,
Kannst Dich mit Dir selbst begnügen,
Dann bist Dein Zuhause Du.

Am Ziel

Mit Freude und Leid
Ging es durch die Zeit,
Ging's gut war's am Ziel
Ein Nullsummenspiel.

Anpassung

Auf ihre Unverläßlichkeit
Da kann man sich verlassen,
So ist es sicherlich gescheit,
Sich daran anzupassen.

Einander vergessen

Ich bleib wie ich bin,
Sie bleibt wie sie ist,
Da macht es doch Sinn,
Wenn man sich vergißt.

In den Nesseln

Sie läßt sich nicht fesseln,
Verzichtet auf dich,
Setzt sich in die Nesseln,
Verbrennt wieder sich.

Alleingang im Zweigang

Sie geht da, ich geh hier,
Beim Spaziergang neben ihr,
Die Gedanken trennen Welten,
Sie begegnen sich nur selten,
Und ich denke, so gesehen,
Könnt auch jeder für sich gehen.

Kamele

Was ist das bloß für ein Kamel,
Es trampelte und blickte scheel,
Weil eines aus dem gleichen Trog
Neben ihm das Wasser sog.

Mäuler zerreißen

Ihr könnt die Mäuler euch zerreißen
Über meine Schreibkultur,
Das will wirklich gar nichts heißen,
Läßt mich müde lächeln nur.

Wer schreibt der bleibt

Soll von einem etwas bleiben,
Wird gesagt, dann muß man schreiben,
Doch die Wirklichkeit stellt klar,
Daß dies nur ein Wunschtraum war.

Was ich brauche

Ich brauche nicht dies, ich brauche nicht das,
Ich brauche auch nicht irgendwas,
Ich brauche nur Wasser, gut bemessen,
Dazu trockenes Brot, um dieses zu essen.

Erweckung durch Liebe

Im Geiste umnachtet,
Mit Liebe betrachtet,
Erweckte ein Licht
In seinem Gesicht.

Paragraphen-Rechte

Was nützen Rechte in Paragraphen,
Wenn Richter nach Gutdünken strafen,
Ohne Geist und ohne Empfinden,
Gefühllos ihre Opfer schinden.

Keine Frage

Solang mich die Beine tragen,
Brauch ich niemanden zu fragen,
Wie es weitergehen kann,
Dies kommt auf mich selber an.

Verflossene Zeit

Die Zeit fließt dahin, sie kehrt nicht zurück,
Und das ist zuweilen ein großes Glück,
Denn es gibt nicht nur gute Zeiten,
Sondern auch solche, die Qualen bereiten.

Ein armes Schwein

Er hat zwar Geld, damit allein
Ist er doch ein armes Schwein,
Wenn es keinen Menschen gibt,
Der ihn aus reinem Herzen liebt.

Kein armes Schwein

Er hat kein Geld, doch das allein
Macht ihn noch nicht zum armen Schwein,
Solang es einen Menschen gibt,
Der ihn auch so von Herzen liebt.

Regen und Segen

Sich regen, bringt Segen,
Und Regen bringt Segen,
Weil Pflanzen veröden
In trockenen Böden.

Wunden und Zeit

Die Zeit heilt alle Wunden,
Mit Hoffnung so verbunden,
Hat mancher Trost gefunden,
Doch heilen sie mit Sicherheit
Am Ende einer Lebenszeit.

Meine Frage

Die Frage aller Fragen,
Wie weit die Füße tragen,
Bereitet Unbehagen,
Doch ich werd nicht verzagen,
Solang ich kann noch gehen
Und mit den Augen sehen.

Im Ich

Ich war, ich bin, ich werde sein,
In meinem Ich mit mir allein,
Insofern klingt es mir vertraut:
Man kommt nicht raus aus seiner Haut.

Der Lebensweg

Vom Nichts zum Nichts, der Weg ist lang,
Wird er gegangen unter Zwang,
Doch ist man frei, vom Glück geprägt,
Dann ist er schnell zurückgelegt.

Ohne Liebe

Armer alter reicher Mann,
Der sich alles kaufen kann,
Nur ein wenig Liebe nicht,
Sodaß dran sein Herz zerbricht.

Vergebliche Hoffnung

Zwei Jahre seines Lebens
Hoffte er vergebens,
Daß sich ihr Herz für ihn bewegt,
Doch sie hat ihn aufs Kreuz gelegt.

Höflichkeit

Viel Höflichkeit, sie schadet nicht,
Zu viel gibt zu denken,
Wenn daraus die Absicht spricht,
Von etwas abzulenken.

Die Wäsche

Sie hat die Wäsche frisch gewaschen
Und konnt ihn freudig überraschen;
Er hat sich damit rausgeputzt,
Doch leider hat es nichts genutzt,
So stand in der Depesche,
Er schaut dumm aus der Wäsche.

Wozu?

Wozu frag ich, wozu?
Der Ochse beißt die Kuh,
Die Kuh, die tritt das Pferd,
Das Geld verliert den Wert,
Lord Kack der wird verehrt,
Ja, alles läuft verkehrt;
Weißt Du auch nicht wozu,
Dann frag den Kakadu.

Besser nicht

Vom Nichts zum Nichts der Lebenslauf
Beginnt mit der Atmung und hört mit ihr auf,
Und mancher trägt am Leben so schwer,
Daß er besser nicht geboren wär.

Trost

Bei meinem Tod, das tröstet mich,
Da gibt es keine Tränen,
Im Gegenteil, es freuen sich
Im Staate die Hyänen.

Bohlens Macke

Bohlen, der hat eine Macke,
Er haut gerne auf die Kacke,
Doch vorm Kacken muß er essen;
Deshalb ist er ganz versessen
Auf das Mahl, mit dem Geschmack,
Im Grand-Hotel vom alten Kack.

Ein Lebenslauf

Er arbeitet, frißt und schläft sich durchs Leben
Und kann sich irgendwann nicht mehr erheben;
Es geht dann mit der Hoffnung zum Ende,
Daß einen Platz im Himmel er fände.

Na ja

Wenn Friedrich sagt: Na ja,
Dann meint er zwar: Oh nein,
Doch ist er viel zu fein,
Um so direkt zu sein.

Ringelnatz mit Ringelschwanz

Wenn Ringelnatz, der Ringelnatz
Öffnet seinen Hosenlatz,
Dann kommt zum Vorschein voll und ganz,
Vergnügt, sein kleiner Ringelschwanz.

Rauchen nicht zu brauchen

Wer brauchen ohne zu gebraucht,
Braucht brauchen nicht zu brauchen,
Es reicht auch, wenn der Schornstein raucht,
Nur schwache Menschen rauchen,
Sind, wenn bei ihnen Krebs auftaucht,
Nicht mehr zu gebrauchen.

Asche und Staub

Asche zu Asche, Staub zu Staub
Als Abschiedsworte, mit Verlaub,
Kundzugeben, sagt der Verstand,
Scheint höchsten Grades hirnverbrannt;
Da sollte es nur Worte geben,
Trostspendend, mit dem ewigen Leben.

Auf Kreuzfahrt

Das ist meine neuste Masche,
Schüttet einfach meine Asche
In eine robuste Flasche;
Übergebt sie dann dem Meer
Und verbreitet, bitte sehr,
Daß ich jetzt auf Kreuzfahrt wär.

Kein Interesse

Ob ich mir ein Bein ausreiße
Oder in das Gras jetzt beiße,
Interessiert doch wirklich keinen,
Und auch niemand wird drum weinen.

Der Strukturant

Unser Friedrich wurd bekannt,
Im Land, als der Strukturant,
Denn bei Chaos, krummen Touren,
Schafft er Ordnung und Strukturen.

Gedankenfreiheit

Die Gedanken sind frei, doch nur im Gehirne,
Verlassen sie das, so trifft Dich, o weih,
Sind sie nicht konform, der Schlag an die Birne.

Die Obrigkeit

Aufbegehren hat keinen Zweck,
Sie kehren Dich weg
Als wärest Du Dreck;
Das ist hier der Geist,
Den die Obrigkeit preist,
Du sollst Dich bücken
Mit gekrümmten Rücken.

Auf dem Magen

Hast Du mir etwas zu sagen,
Sei so frei und lege los,
Sonst liegt es Dir auf dem Magen,
Und der Druck wird übergroß.

Kern und Hülle

Das Wesentliche ist der Kern,
Bei ihr ist es, was hüllt ihn ein,
So bleiben sie einander fern,
Die Hülle kann's für ihn nicht sein.

Erlösung

Wer immer strebend sich bemüht,
Sich widersetzt dem Bösen,
In dessen Herzen Liebe glüht,
Der kann sich selbst erlösen.

Arbeit und Vergnügen

Erst die Arbeit, dann's Vergnügen,
Ist ein wirklich guter Rat,
Wer Verstand hat, wird sich fügen
Und setzt um ihn in die Tat.

Gegen Undank

Undank ist der Welten Lohn,
Davon kann ein Lied ich singen,
Werd aus diesem Grunde schon,
Dank, ist der verdient, erbringen.

Letzter Versuch

Sein letzter Versuch,
Er schrieb noch ein Buch;
Auch das ging ganz munter,
Danach den Bach runter.

Trüber Ausfluß

Die Hirnkanäle fließen über,
Doch der Ausfluß, er wird trüber,
Sodaß wir ihn fließen lassen
Und nicht länger mehr erfassen.

Mein Jünger

Man wird nicht jünger hier auf Erden,
Doch Du kannst jetzt mein Jünger werden,
Und das Erscheinungsbild von Dir
Erstrahlt stets jünger neben mir.

Unsterbliche Liebe

Lust, sie endet mit der Zeit,
Für sie gibt's keine Ewigkeit,
Liebe bleibt in Ewigkeit,
Endet sie nicht in er Zeit.

Zum Sinn

Man fragt sich wozu, man fragt sich wofür,
Wo ist sie, die hinführt zum Sinn, die Tür
Und stellt dann fest, am Ende des Lebens,
Die ganze Suche, sie war vergebens.

A dios

Ich sterbe, und ich sage mir,
Danke, gleich liegt's hinter dir,
Freudig werde ich entschweben,
Adios dem Erdenleben.

Das Selbstgespräch

Er spricht mit sich selbst und zeigt damit an,
Mit den Jahren wurd er ein alter Mann,
Denn das Selbstgespräch ist, nach herrschender Meinung,
Grundsätzlich eine Alterserscheinung.

Doch denkt man genauer, dann fällt dazu ein,
Es könnt auch ein Zeichen von Weisheit sein;
Die Zeit wird zu kurz für sinnloses Schwätzen,
Er will es durch geistreiches Denken ersetzen.

So ruft er wach und hat es im Ohr,
Was die großen Geister brachten hervor,
Versagt sich nicht, seine Meinung zu sagen
Und dazu selbst etwas beizutragen.

Der Pharisäer

Der Pharisäer,
Ein Heuchler und Schmäher,
Hat Jesus schon in Zorn gebracht,
Was hat er sich für mich erdacht?

Das Kreuz fürcht' ich nicht,
Vorm Jüngsten Gericht
Wird Hochmut, Selbstgerechtigkeit
Dem Pharisäer bringen Leid.

Die Vermögenssteuer

Mein Vermögen liegt im Denken,
Und es käm mich ziemlich teuer,
Deshalb müßt ich es beschränken,
Fiel darauf Vermögenssteuer.

Sachvermögen will man schröpfen,
Da liegt es nicht allzu fern,
Daß man den hirnschwachen Köpfen
Möcht vom Denkvermögen schöpfen
Einen Anteil gleichfalls gern.

Frau Bräse mag Berliner

Wenn ich diesen Schmarrn nur lese,
Vom Finanzamt, nichts als Käse,
Ausgeheckt von der Frau Bräse,
Bleibt als Resümee die These:

Daß ich ein Berliner bin,
Kommt mir dabei in den Sinn,
Soll hier für Frau Bräse heißen,
Es behagt ihr reinzubeißen.

Das Finanzentzugsamt

Das Amt, es hat mir, ungelogen,
Schon Hunderttausende entzogen,
So sollten alle, die das kennen,
Es Finanzentzugsamt nennen.

An das Finanzentzugsamt

Unentgeltliche Wertabgaben

Dies sind drei Bogen DIN A4,
Ergeben zwölf Blatt Klopapier,
Mit einigen Gedichten,
Die Sie beim Stuhlgang sichten.

Sie sollen diese Bogen haben
Als kostenlose Wertabgaben,
Die Ihnen sicher lieb und teuer,
So zahl' ich drauf gern Mehrwertsteuer.

Ich halt die Zahlung schon bereit,
Erwart den Steuerendbescheid,
So wird auch dies Papier von Nutzen,
Wenn Sie den Hintern damit putzen.

Zur Erläuterung

Für entgeltlose Wertabgaben
Will das Finanzamt Steuern haben;
Ich gab sie ab zu Werbezwecken,
Wollt damit das Interesse wecken
Für meine Bücher, die man dann
Im Buchhandel erwerben kann.

Es fallen dort für jedermann
Beim Bücherkauf auch Steuern an,
Doch das reicht dem Finanzamt nicht,
Deshalb das vorige Gedicht.

Frau Bräses Entlastung

Die kostenlosen Wertabgaben
Wollt Frau Bräse nicht mehr haben,
Sodaß ich heut sechs Bücher fand,
Von ihr geschickt, im Postversand.

Sie schrieb, ich merkte wie sie grollte,
Daß sie sich so entlasten wollte,
Und niemand sollte nochmals sichten
Den Namen Bräse in Gedichten;

Sonst würde sie sich vorbehalten,
Die Gerichte einzuschalten,
Was, bei dieses Falles Schwere,
Für mich äußerst reizvoll wäre.

Von den Büchern sich entlasten,
Zeigt, was sie hat auf dem Kasten,
Doch die zwölf Blatt Klopapier
Blieb sie bislang schuldig mir.

Sicher warn die ihr von Nutzen,
Um sich damit abzuputzen,
Was dem Kopf ist nicht wohlfeil,
Nimmt freudig wahr das Hinterteil.

Neuer Stoff

Frau Bräse, hat sie nicht erkannt,
Welch eine Gunst ihr widerfuhr?
Ihr Name, wirklich allerhand,
Fand Eingang in die Litratur;

Und wenn Frau Bräse klagen sollt,
Kann das für sie von Vorteil sein,
Gibt Stoff, sie hat wohl nur gewollt,
Daß ich das Schreiben stell nicht ein.

Das werde ich ganz sicher nicht,
Bekomm ich demnächst bei Gericht,
Frau Bräse erstmals zu Gesicht,
Schreib ich darüber ein Gedicht.

Korinthenkacker

Erst die Sache mit Herrn Schädlich, *
Beim Finanzamt, gar nicht redlich,
Hat mich damals aufgerieben,
Doch ich bin im Land geblieben.

So muß ich mich weiter quälen,
Kann auf sie im Amt nicht zählen,
Denn Frau Bräse schlägt sich wacker,
Dort wie ein Korinthenkacker.

---

*   Sh.: »Mir reicht's! Deutschland ade«
     Vorwort und Seite 75-77

Das Bräse-Buch

Die Bücher, die sie sollte lesen,
Sind nicht Frau Bräses Fall gewesen,
Drum starte ich jetzt den Versuch,
Mit einem eignen Bräse-Buch.

Ich hoffe, das wird sie erheitern,
Den geistgen Horizont erweitern,
Und damit geht sie obendrein
In die Finanzgeschichte ein.

Ich seh schon den Finanzminister,
Er liest und ganz begeistert ist er,
Frau Bräse lädt er deshalb ein,
Soll Gast im Ministerium sein.

Das Buch wird, wie es sich gebühre,
In Schulen bald zur Pflichtlektüre,
Und aus Frau Bräses rotem Tuch
Wurd dann das Bräse-Lesebuch.

Die Fristenfrage

Vor Monaten hab ich geschrieben,
Die Antwort, sie ist ausgeblieben,
Denn eines Staatsbeamten Pflicht
Zählt für Frau Bräse leider nicht.

Das soll nun der Minister klären,
Ich werde mich zwar nicht beschweren,
Doch hätte ich sehr gerne schon
Von ihm eine Information,

Ob es in dem Finanzgeflechte
Gibt für Frau Bräse Sonderrechte,
Weil, setzt sie selber eine Frist,
Diese streng einzuhalten ist.

Die Antwort werd ich nicht verschweigen
Und in dem Bräse-Buch aufzeigen,
Sodaß beim Lesen jedermann
Den Kenntnisstand erweitern kann.

Der weitere Verlauf

Im Bräse-Fall wurd offenbar,
Daß sie hier überfordert war;
Sie hat ihn, um nicht zu verzagen,
Der Rechtshelfstelle übertragen.

Aufgrund der vielen schweren Fälle
Kommt dieser an die letzte Stelle,
Sodaß bis zum Beginn, die Frist
Noch gar nicht abzusehen ist.

In Anbetracht nun dieser Wende,
Komm ich hiermit erstmal zum Ende,
Zeichne den weiteren Verlauf
Im Bräse-Lesebuch dann auf.

Die Symbiose

Ein eitler Sack in toter Hose,
So seh ich Kack in der Symbiose,
Die Springers Welt-Blatt, ziemlich dreist,
Wandelt in heilgen Kaufmannsgeist.

Ein Beispiel für die Zeitungswelt,
Wie sie oft geistlos sich verhält,
Wenn sie aufgrund von Machtinteressen
Läßt alles andere vergessen.

Botschaft vom heiligen Geist

Alfreds allerneuste Macke,
Er verherrlicht seine Kacke,
Wenn er in die Hose scheißt,
Stinkt es, doch der Alfred preist,
Den Geruch als Botschaft dreist,
Abgesandt vom heilgen Geist.

WELT-Kulturarsch

Wenn ich es in Worte fasse,
Zum Verständnis für die Masse,
Herr Kack füllt die Zeitungskasse
Als WELT-Kulturarsch erster Klasse.

Alfred Kack

Alfred Kack, einst auf Zack,
Traf im Steakhaus den Geschmack
Von den Menschen, groß und klein,
Alle kehrten gern dort ein.

Dann, im Kopf nicht mehr ganz hell,
Baute er ein Grandhotel,
Fühlte sich jetzt wie ein Zar,
Weil er hier der Herrscher war.

Zwar nicht immer rein und hehr,
Jedoch Multimillionär;
Schien es dienlich seinem Zweck,
Trat er Leute in den Dreck.

Das sprach sich allmählich rum,
Zeigte sich, war mehr als dumm,
Denn es blieb vom alten Kack
Nur ein schlechter Nachgeschmack.
So mutierte der Geldsack
In aller Munde zum Grand-Kack.

Pacta ad acta

Pacta sunt servanda,
Gilt auch für Amanda;
Sie hat sich Alfred zugesellt,
Wurd darauf bei ihm eingestellt.

Respekt und blinde Treue
Zähln jeden Tag aufs Neue,
Da gibt's kein wenn und aber,
Kack duldet kein Palaber.

Doch wenn ihm etwas nicht gefällt,
Wird's Recht schnell auf den Kopf gestellt,
Dann gelten keine pacta,
Er legt sie gleich ad acta;
So zeigt sich sein Charakter
Als wahrlich echt verkackter.

Die Stuhlantiquität

Der alte Kack, zunächst noch cool,
Drehte in dem Swimmingpool
Seine Runden, nicht allein,
Mit dem Hanswurst hinterdrein.

Doch ganz plötzlich wurd ihm warm,
Und es dröhnte aus dem Darm,
Da war Alfred nicht mehr cool,
Denn heraus schoß nun sein Stuhl,

Wie gezielt, man glaubt es nicht,
Hanswurst mitten ins Gesicht,
Der kam aus dem Wasser raus,
Schaute ganz verändert aus.

Eine Dame, die blieb stehn,
Sprach ihn an, was ist geschehn?
Oh, das ist von Kack-Alfred
Eine Stuhlantiquität.

Die Kack-Figur *

Der alte K., das macht ihn stolz,
Steht vor dem Rathaus stramm aus Holz;
Vorm Rathaus eine Kack-Figur
Gibt es bisher in Hamburg nur.

Sie sollte erst aus Kacke sein,
Die war zu weich, fiel in sich ein,
Sodaß bereits nach einem Tag
Der Kopf zwischen den Füßen lag.

Sein Holzkopf, der ist insoweit
Vor einem solchen Sturz gefeit
Und spiegelt, wie ich selbst erfuhr,
Vortrefflich wider Kacks Natur.

---

* Sh.: »Das Zwischenspiel« in *Erlebnisse im Hotel*,
  Bd. IX, S. 69

Die Kacknase

Alfred Kack, der alte Hase,
Hat für Geschäfte eine Nase,
Doch man konnte auch erleben,
Daß manches ging bei ihm daneben.

Trotzdem wurd die Nase länger,
Jedoch deren Löcher enger,
Sodaß in der letzten Phase
K. steckt seine lange Nase,
In den Hintern, seinen Siechen,
Um noch mal etwas zu riechen.

Alfreds Kacke – Dieters Macke

Der Sprücheklopfer Dieter
Und Alfred als Gebieter,
Ergänzen sich als trautes Paar,
Im Grand-Hotel, ganz wunderbar.

Denn Dieter hat 'ne Macke,
Er haut gern auf die Kacke,
Die Alfred ihm gern hinterläßt
Als Haufen bis zum kleinsten Rest.

Frag Dein Auto!

Ob ich einen Autor habe,
Fragst Du, das macht keinen Sinn,
Da ich zwar ein alter Knabe,
Aber selbst ein Autor bin.

Frag nicht mich, doch frag anstatt
Dein Auto, es wird nicht verstehen,
Ob es auch ein Auto hat,
Du wirst sein Erstaunen sehen.

Mit Boxen zum Ochsen

Wenn der Ole meint, das Boxen
Wäre sinnvoll, interessant,
Hat er das Niveau vom Ochsen,
In Bezug auf den Verstand.

Könnt beim Boxen ihn verlieren,
Ole, bleib ein Philosoph,
Magst was andres ausprobieren,
Schaust sonst aus der Wäsche doof.

Zieht stattdessen euch am Hoden
Oder aber auch am Schwanz,
Wenn ihr dann geht mal zu Boden,
Bleibt das Hirn zumindest ganz.

Die Verstopfung

Abfluß verstopft, aus dem Haus
Ging die Brühe nicht mehr raus;
Machte jemand was, dann floß
Dies zum untersten Geschoß.

Stoppte dort und drückte rein
In das Bad von der Frau Klein;
Der Bewohner über ihr
Hatte daran sein Pläsier,

Rannte wiederholt aufs Klo
Und entleerte seinen Po;
Selbstverständlich auch sein Glied,
Sang für Frau Klein nun dieses Lied:

Mit mir wollt sie nicht baden gehn,
Jetzt kann sie meine Würste sehn,
Und wenn sie will, mit ihnen baden,
Das wird ihr ganz gewiß nicht schaden.

Darauf rief erbost Frau Klein:
So was macht doch nur ein Schwein,
Ihre Wurst bleibt mir gestohlen,
Können Sie sich wiederholen.

Das Schweinepaar

Für ihn da ist sie eine Sau,
So paßt sie zu ihm ganz genau,
Denn die fröhliche Frau Klein
Sieht in ihm auch nur ein Schwein;
Ein männliches, das macht fürwahr,
Aus beiden jetzt ein Schweinepaar.

Einladung

Die kleine Sau, das große Schwein,
Laden hiermit zur Hochzeit ein;
Die kleine Sau wird Sie entzücken,
Beim Tanz auf seinem Schweinerücken.

Liebster Schweinskopf

Seit die kleine nette Sau
Wurd vom großen Schwein die Frau,
Sieht man sie, wie wunderbar,
Als ein sehr verliebtes Paar.

Es geschieht auf allen Wegen,
Kommt das Schwein der Sau entgegen,
Dreht es sich zum Lieberweis,
Grunzend vor ihr schnell im Kreis.

Springt auf seinem Hinterhaxl
Den berühmten Doppelaxel,
Sodaß sie, was ihm behagt,
Liebster Schweinskopf zu ihm sagt.

Der kleine Page

In der untersten Etage
Wohnt fortan ein kleiner Page,
Von dem weiblichen Geschlecht,
Das ist mir besonders recht,

Denn es dürfte ihm gelingen,
Freude in das Haus zu bringen,
Mit dem Liebreiz der Erscheinung,
Alle sind hier dieser Meinung.

Fräulein Schneider

Leider, leider, Fräulein Schneider
Läßt sich fortan unser beider
Guter Einklang im Verhalten
Nicht mehr weiter ausgestalten.

Vielmehr sollten Sie sich schämen,
So wie Sie sich jetzt benehmen,
Nachdem, gleich was mochte kommen,
Ich Sie hab in Schutz genommen.

Bringt mein Weltbild nicht ins Wanken,
Nein, ich möchte Ihnen danken
Für Enttäuschung, die Sie brachten,
Mich damit noch reicher machten.

Wir schaffen Ihre Augenweide
kompetent - zuverlässig - preiswert

Ein feiner Malereibetrieb

Fein wie Kuhmist, ein Betrieb,
Der mir manches schuldig blieb
Und sich zuverlässig nennt,
Preiswert und auch kompetent.

Pünktlichkeit, als eine Pflicht,
Sah er bei der Miete nicht,
Nur nach Mahnung zahlte er
Und am Ende gar nicht mehr.

Ein Betrieb der Malerei
Wirbt dazu noch frank und frei,
Daß sein Werk der letzte Schrei,
Eine Augenweide sei;

Doch bei mir, sein Mietobjekt,
Ließ er nun zurück verdreckt,
Ungemalt und teils defekt,
Da zeigt sich, was in ihm steckt:
Ein Malbetrieb höchst unkorrekt.

Eine Schande für die Innung

Ein Malbetrieb mit der Gesinnung
Bringt Schande für die ganze Innung,
Wenn sie sich ihm, der andre prellt,
Nicht vehement entgegenstellt.

Statt die Stange ihm zu halten,
Sollt man den Betrieb ausschalten
Und ihm, für schändliches Betragen,
Den Pinsel um die Ohren schlagen.

Die Verlogenheit *

Nach allem was ich hab erfahren
In den vergangnen Lebensjahren,
Kann ich leider nicht verneinen,
Daß Menschen mir im allgemeinen
Als lügenhaft erscheinen.

Wie Kleider, die den Leib verdecken,
Sind's Lügen, die den Geist verstecken,
Durch sie kann man das wahre Wesen
Und die Gesinnung kaum noch lesen.

---

* Sh.: Arthur Schopenhauer »Aphorismen zur
Lebensweisheit«

Unser Romahn

Auf den Romahn war Verlaß,
Alle hatten mit ihm Spaß,
Doch nun hat er uns verlassen,
Und wir können es nicht fassen.

Fröhlich noch beim Abendrot,
In der Nacht drauf kam der Tod,
Nichts ließ schließen auf sein Kommen,
Hat ihn einfach mitgenommen.

Traurig, ratlos stehen wir
Nun an seinem Grabe hier,
Es bleibt nur, was alle wissen,
Daß wir immer ihn vermissen.

Bernardy

Bernardy, Bernardei,
Unsre Zeit ist auch vorbei,
Bernardei, Bernardy
Zeigte uns sehr viel Esprit.

Bernardy, Bernardei,
Wurdest Teil vom Einerlei,
Bernardei, Bernardy
Heute denke ich an Sie.

Ein Herz und eine Seele

Verstorben sind die beiden,
Für ihn war's ein Verkehrsunglück,
Die Mutter mußte leiden,
Wünschte den Sohn so sehr zurück.

Ich höre ihn noch sagen,
Den Satz, der mir so gut gefällt:
Sie ist, seit meinen Kindheitstagen,
Die beste Mutter von der Welt.

Eine Seele und ein Herz,
Die Mutter, sie kam erst zur Ruh,
Als ihr nach dem erlittnen Schmerz
Für immer fieln die Augen zu.

Traueranzeige für Ursel Prignitz

Nun bist du bei Marc, er wartete schon
Auf Dich, Dein so sehr geliebter Sohn;
Du hast ihn täglich schmerzhaft vermisst,
Uns tröstet, dass Du jetzt bei ihm bist,
Und wenn das Schicksal es gut mit uns meint,
Dann werden wir alle im Jenseits vereint.

Das Leben ein Traum

Das ganze Leben ist ein Traum,
Dies hört sich an recht wunderbar,
Doch wohl für jene Menschen kaum,
Für die es nur ein Alptraum war.

So reichten sie dem Tod die Hand,
Damit die Qual ein Ende fand,
Und ein gefühlvoll schlagend Herz
Kann sie verstehn, ahnt ihren Schmerz.

Kreislauf des Lebens

Zum menschlichen Leben sag ich so viel:
Es wird mit dem Ende zum grausamen Spiel;
Der Mensch welkt wie die Blume und dann
Schließt sich der Kreis, der voll Hoffnung begann.

Die Mühsal, Enttäuschung bleiben zurück,
Wie auch die Erinnerung an das Glück,
Und letzten Endes war der Mensch nur
Ein Teilchen im Kreislauf der Natur.

Selbstachtung

Aufrecht durch das Leben gehen,
Ächten unrechtes Geschehen,
Mächtigen den Hochmut dämpfen
Und für Recht und Freiheit kämpfen,

Durch ein wahrheitliches Leben
Anderen ein Beispiel geben;
Jeder Mensch, mit diesen Gaben,
Darf Achtung vor sich selber haben.

Mein Bestreben

Der Wille zum Wert,
Er war mein Bestreben,
Ich hab ihn geehrt,
Mein Bestes gegeben.

Wenn darin der Wert
Würd Widerhall finden,
Wär das nicht verkehrt,
Könnt Schlechtes verschwinden.

Erhalt der Gedanken

Was ich früher hab gedacht,
Und mir wichtig ist gewesen,
Wurde zu Papier gebracht,
Dort kann man es heute lesen.

Das gibt mir Zufriedenheit,
Längst Vergessnes ist gespeichert,
Überdauerte die Zeit,
Hat beim Lesen mich bereichert.

Sinnvoll ist es, wie man sieht,
Wesentliches aufzuschreiben,
Was aus dem Gedächtnis flieht,
Kann so doch erhalten bleiben.

Innen- und Außenwert

Sein innerer Wert, der ist nicht zu sehn,
Bleibt bis zum Ende des Lebens bestehn,
Und wer ihn gesehn, dem Menschen stand nah,
Der schied aus dem Leben, ist längst nicht mehr da.

Der einst schöne Schein, sein äußerer Wert,
Er hat sich im Laufe der Jahre verzehrt,
Das Licht von innen, der äußere Schein,
Sind nicht mehr zu sehn, so endet das Sein.

Gelöbnis - Widerruf

Hiermit gebe ich bekannt, daß ich mich an mein als Soldat abgegebenes Gelöbnis »**der Bundesrepublik Deutschland treu zu dienen und das Recht und die Freiheit des Deutschen Volkes tapfer zu verteidigen**« nicht mehr gebunden fühle.

Die Hamburger Lügenpolizei und eine schändliche Justiz haben mir vorgeworfen, daß ich nicht in der Lage wäre, verantwortlich mit einem Luftgewehr und einer Schreckschußpistole umzugehen. Diese sogenannten Waffen wurden mir entzogen, obwohl ich deutsche Soldaten an Waffen ausgebildet habe und es auch heute noch als Reserveoffizier in körperlicher und geistiger Hinsicht mit Polizisten aufnehmen kann.

Ich habe den Vorgang in meinem Buch »Bürger wacht auf!« ausführlich dargestellt und empfehle, insbesondere unseren Soldaten, sich hierüber zu informieren.

Hubertus Scheurer
Dipl.-Kfm./Rechtsbeistand/Reserveoffizier

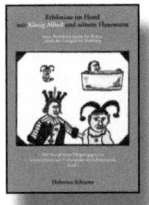

Erlebnisse im Hotel mit König Alfred und seinem Hanswurst unter Berücksichtigung der Zensur durch das Landgericht Hamburg. Der Kampf eines Bürgers gegen ein Unternehmen mit faschistoiden Verhaltensweisen. Band I–X
Band I: ISBN 978-3-8334-7985-4

König Alfred und sein Hanswurst
Ein MALBUCH mit 66 heiteren Geschichten in Versform
ISBN: 978-3-8334-8037-9

Sokrates läßt Deutschland grüßen – damit Freiheit atmen kann
ISBN 978-3-8334-7988-5

Das große Kochbuch
Ein Menü für Juristen und verantwortungs-bewußte Staatsbürger
ISBN 978-3-8334-7987-8
Kurzfassung der Bande „Erlebnisse im Hotel I–VIII" in acht Kapiteln auf 526 Seiten mit den kompletten Vorworten und 327 Gedichten

Mir reicht's – Deutschland ade
ISBN 978-3-8334-7986-1

Bürger wacht auf!
Zum Obrigkeitsstaat
ISBN 978-3-8370-2276-6

Daß Liebe unser Leben durchdringt ...
ISBN 978-3-8334-7977-9

Für Dich
ISBN 978-3-8334-7975-5

Nur noch für Dich – Eine Liebeserklärung, Band I–III
Band I: ISBN 978-3-8334-7976-2
Band II: ISBN 978-3-8334-8769-9
Band III: ISBN 978-3-8334-7406-4

Anfang und Ende – Gedichte für einen geliebten
Menschen
ISBN: 978-3-8334-8770-5

Für Dich – Eine Nachlese
ISBN: 978-3-8370-6224-3

Du lebst in mir.
Die Trauer eines vereinsamten Menschen
ISBN: 978-3-8391-9300-6

Widerstand den Affenärschen!
Grundgesetz ade
ISBN: 978-3-8391-5609-4

Die Glüh-Birne
Zur Warnung und Erleuchtung!
ISBN: 978-3-8391-5761-9

Schlaf, Bürger, schlaf
Dies Buch lies nicht, sei brav!
ISBN: 978-3-8423-0466-6

Armes Deutschland
Kritische Betrachtungen zur Rechtslage
der Nation und einiges mehr.
In Versform
ISBN: 978-3-8423-9549-7

„Kampfbereit" wie Bruder Jesus allezeit
Zu Guttenberg bewahr uns vor
Trittihnnesen, Gysi-tor! Die Verleumder
hier im Land mach ich weiterhin bekannt.
ISBN: 978-3-8448-7206-4

Nachruf für einen geliebten Menschen
Gedichte für Traueranzeigen
ISBN: 978-3-8448-4202-9

Im Stadium der Reife
ISBN: 978-3-8448-3382-9

Zur Lebensbegleitung
Eine Auswahl besinnlicher Gedichte als
Richtschnur für das Leben
ISBN: 978-3-7322-1842-4

 „Ein Unrecht-Staat" mit „Nachruf"
für Hubertus Scheurer und weiteren
Gedichten
ISBN: 978-3-7322-2636-8

 Himmelfahrten zu Gottvater als zweiter
Sohn und sein Berater
ISBN: 978-3-7322-1245-3

Eisbüttel im Gehege

Die Eisbüttel bei Hagenbeck,
Genannt auch Polizei,
Sehn vor allem ihren Zweck
In Abkassiererei.

Dort, wo es niemand schaden tut,
Gilt es, ganz schnell zu strafen,
Bei Raub und Totschlag wird geruht,
Da können sie gut schlafen.

Ruft die Frau Denunzierungsrat,
Dann kommen sie geflogen,
Weil sie Regierungsvollmacht hat,
Wird mit ihr auch gelogen.

Für Eisbüttel bei Hagenbeck
Sollt's geben ein Gehege,
Das wär ein wirklich guter Zweck,
Zur Ansicht und zur Pflege.

Keine Wahrheit

Es ist nun wirklich nicht gefragt,
Daß jemand hier die Wahrheit sagt,
Denn Mißstände, in unsrem Land,
Die gibt man tunlichst nicht bekannt.

Nur wer sich unterwürfig zeigt,
Im Chor mitsingt, ansonsten schweigt,
Der wird geschätzt in diesem Staat
Als rechtskonformer Demokrat.

Ein Bürger, der hier aufbegehrt,
Wird eines anderen belehrt,
Die Obrigkeit, sie schätzt es nicht,
Wenn jemand trotzt, ihr widerspricht.